1

# NOTICE HISTORIQUE

## SUR

# LES SEIGNEURS

## DE NOISY-LE-ROI

Par Adrien MAQUET, Membre correspondant de la
Société archéologique de Rambouillet.

—————

IMPRIMERIE DE RAYNAL, A RAMBOUILLET

1871

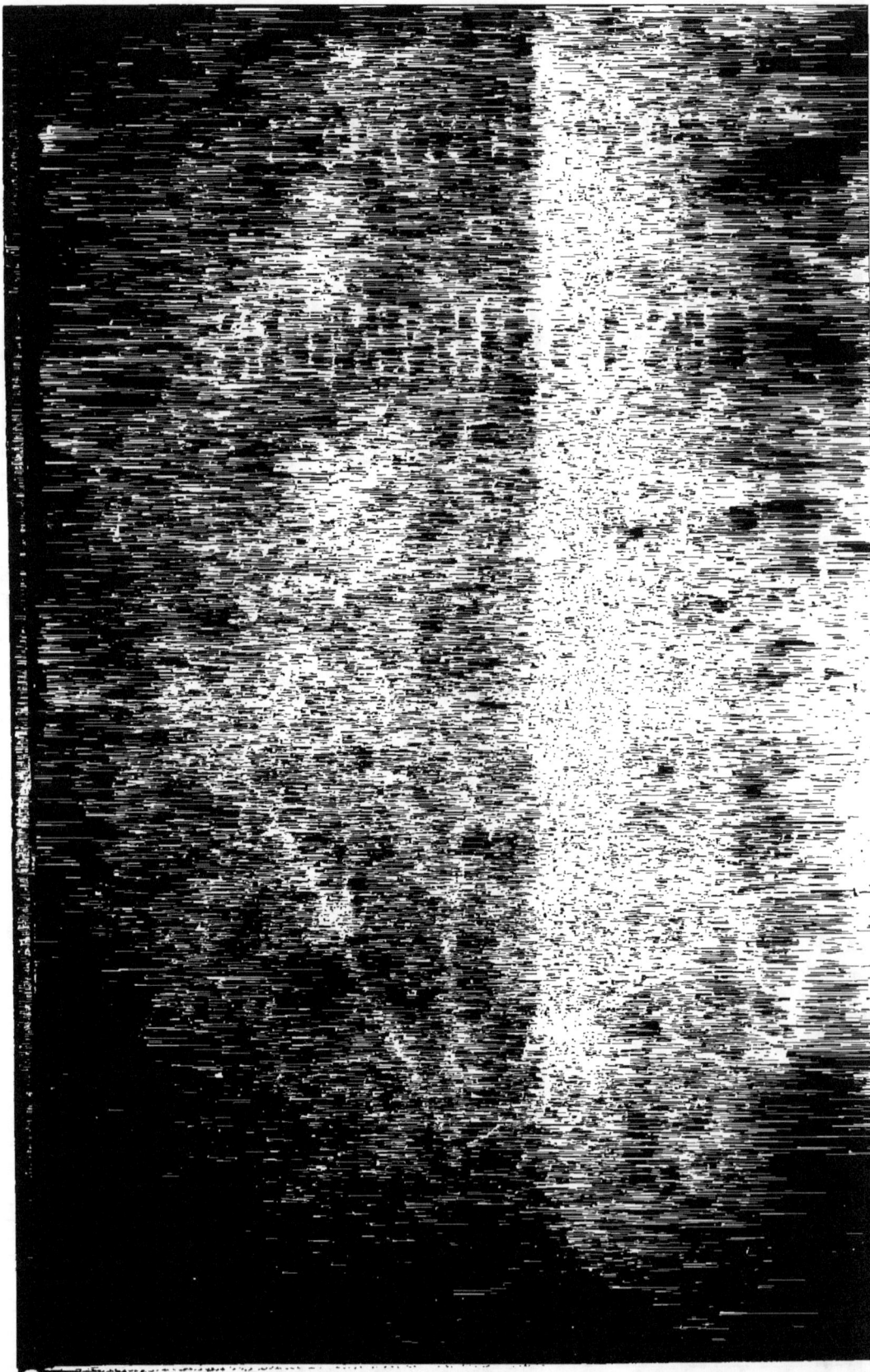

# NOTICE HISTORIQUE

SUR

# LES SEIGNEURS

## DE NOISY-LE-ROI

Par ADRIEN **MAQUET,** Membre correspondant de la
Société archéologique de Rambouillet.

IMPRIMERIE DE RAYNAL, A RAMBOUILLET

1871

# LES SEIGNEURS DE NOISY-LE-ROI

Le village de Noisy-le-Roi fut d'abord nommé Noisy-en-Cruye. Sa position sur la lisière de l'antique forêt de Cruye, aujourd'hui forêt de Marly, et sans doute le grand nombre de noyers qui croissaient sur son territoire lui firent donner ce nom. Il fut aussi désigné sous celui de Noisy, près de Versailles. Mais, lorsque le roi Louis XIV eut réuni, par acquisition, le domaine de Noisy à ceux de Marly et de Versailles, il prit le nom qu'il porte actuellement.

Le village de Noisy était érigé en paroisse au moins dès le XIIIe siècle, et faisait partie du diocèse de Chartres. Son église, placée sous l'invocation de saint Lubin, était à la collation de l'archidiacre de Chartres, et suivant le pouillé chartrain du XIIIe siècle, comptait quarante-quatre paroissiens; son revenu était de 15 livres (1).

Sous le rapport féodal, Noisy fit partie du comté de Montfort et de la châtellenie de Neaufle; puis, au XVe siècle, de la châtellenie de Villepreux.

C'était le siége d'une prévôté, dont les officiers rendaient la justice au nom du seigneur du lieu.

(1) Prolégomènes du *Cartulaire de Saint-Père de Chartres*.

La tour du clocher, avec sa couverture en bâtière et ses baies en plein cintre, pourrait bien être de l'époque romane (xi<sup>e</sup> ou xii<sup>e</sup> siècle).

La seigneurie de Noisy relevait en fief, principalement des seigneurs châtelains de Neaufle; cependant les comtes de Montfort et les seigneurs de Marly avaient aussi des droits sur cette seigneurie; ce que les documents que nous allons rapporter établiront.

Le plus ancien seigneur particulier de Noisy est nommé dans une charte du Cartulaire de l'abbaye des Vaux-de-Cernay, non datée, mais qui doit avoir été donnée de 1160 à 1196, au sujet d'un don fait à cette abbaye par Hélène d'Athies, et dont, entre autres étaient témoins, Gauthier de Chateron et Landry de Noisy (Landricus de Noisy).

La présence de Landry parmi les hommes de fief du seigneur de Neaufle, signataire de cette charte, porte à croire qu'il s'agit bien réellement d'un seigneur de Noisy-en-Cruye, d'un vassal de la seigneurie de Neaufle-le-Chastel.

Au xiii<sup>e</sup> siècle, la seigneurie de Noisy était divisée en plusieurs arrière-fiefs, et les mutations y étaient assez fréquentes. C'est ainsi que l'on voit, en 1208, devant Maurice de Sully, évêque de Paris, Simon de Noisy, clerc, vendre pour 30 livres, à l'église de Saint-Cloud, la dîme des Essarts de Noisy, dans le fief de Guillaume Mauccint *(Guillelmus Malecinctus)* et de Gilles de Noisy, chevaliers. Simon de Noisy donne pour garant de cette vente Eudes Pelus, chevalier ; et Bouchard, seigneur châtelain de Marly *(dominus castelli de Malleto)*, confirme cette vente comme seigneur suzerain (1).

Vers la même époque, Pierre de Maule tenait en fief, du comte de Montfort, une grande partie du domaine de Noisy-en-Cruye; car, parmi les nombreuses possessions qu'il avait au Val-de-Galie, et dont il devait foi et hommage audit comte, suivant la coutume du comté de Montfort, se trouvaient les seigneuries de Rocquencourt, de Noesy (excepté l'aumône ou

(1 *Cartulaire de Saint-Cloud*, Bibl. imp., Ms. lat., 9,165, fol. 14.

donation faite à l'église de Saint-Cloud); de Crespières, le fief d'Alibe oudes...? auprès de Villepreux (1).

Pierre de Maule était mort avant 1226; car, en cette année, Mathieu de Marly, qu'il avait nommé son exécuteur testamentaire, donne une charte en faveur de l'abbaye des Vaux-de-Cernay, par laquelle il s'engage à garantir la donation que Pierre avait faite à ladite abbaye, par son testament, de 40 sols de rente annuelle sur la cinquième partie de sa terre, et même sur la dot d'Avelina, son épouse, à condition, toutefois, qu'Avelina jouirait de ladite rente sa vie durant et qu'elle reviendrait de droit au monastère des Vaux-de-Cernay, après le décès de cette dame de Noisy (2).

Les seigneurs de Rennemoulin avaient aussi des revenus à Noisy. Au mois de février 1231, Marie de Rennemoulin. veuve de Jean Paale, seigneur de Rennemoulin, donne dix sols de rente, à prendre sur Noisy, à l'abbaye de Joyenval, de l'assentiment d'Ameline, sa fille, épouse d'Amaury de Meudon, chevalier, et de Jean et Colin de Rennemoulin, ses fils (3).

L'an 1239, au mois de juillet, Pierre de Marly, chevalier, donne une charte par laquelle il fait savoir qu'il a vendu à son seigneur Louis IX, roi de France, la dîme qu'il avait à Bailly-en-Cruye, valant chaque année 12 muids de blé à la mesure de Poissy, laquelle est perçue sur les terres du Val-de-Galie, des gagniages de Bailly, des mollières de Noisy et des Essarts de

(1) Dominus Petrus de Maulia tenet de Domino comite. . . . . . .
. . . . . . et feodum Aliberoudes? apud Villeperry? (Villepreux?),
Item tenet Rocquencourt cum pertinenciis usque ad Montaxam?;
. . . . . . . . . Item Noesy de eadem feodo, exceptis elemosinis Sancti Clodoaldi que exierunt de eodem feodo;
Item illud quod Maurentis? habet apud Crespièras, etc., etc.
(Scriptum feodorum de Monteforti, dans la pancarte de Montfort, qui est un extrait fait, en 1513, du *Cartulaire de Béatrix de Montfort*, autrefois à la Cour des comptes).
(Communication de M. de Dion).

(2) MM. Merlet et Moutié, *Cartulaire des Vaux-de-Cernay*, t. I p. 260.

(3) Titres de l'abbaye de Joyenval, *Archives de Seine-et-Oise.*

Marly, pour 540 livres parisis qui lui ont été payées, chaque muid vendu moyennant 45 livres parisis. Jeanne, son épouse, consent à cette vente.

Gaston de Maubuisson, tenait cette dîme de Simon de Neaufle, qui la tenait en fief de Pierre de Marly, et ces deux seigneurs de Maubuisson et de Neaufle, approuvèrent aussi cette vente (1).

En 1241, Pierre de Galon, chevalier, et Marguerite, son épouse, vendent moyennant 70 livres parisis, à Pierre de Noisy, 8 livres de rente assignée sur le fief que Mathieu de Marly avait à Meulan. En mai 1245, Pierre de Noisy donne cette rente à sa nièce, Sédille, fille de Guillaume de Noisy, religieuse à l'abbaye de Port-Royal-des-Champs, avec le consentement de Bouchard de Marly (2).

En 1247, une sentence de l'archidiacre de Paris donne gain de cause à Guy de Neaufle, clerc, contre Jean de Anches, sur une contestation qui s'était élevée entre eux au sujet des enfants de Hugues de Noisy; voici comment : Jean de Anches ayant épousé la veuve de Hugues de Noisy, s'était opposé, au nom des enfants que cette veuve avait eus de Hugues, et dont il avait la garde, à ce que Guy de Neaufle eut la jouissance des vignes de l'Épine et de Neauphante...?, de deux masures et d'un pressoir donnés à l'abbaye d'Abbecourt, par Simon de Noisy, clerc, frère sans doute de Hugues, lesdits biens venant du propre héritage et des acquêts dudit Simon, et que l'abbaye d'Abbecourt avait vendus à Guy. Avis ayant été donné de cette opposition par l'abbé d'Abbecourt audit Guy, et les parties intéressées ayant comparu, les témoins entendus, l'archidiacre ou official de Paris ordonna à Jean de Hanches de se désister de ses poursuites et de laisser jouir Guy desdits biens sa vie durant, sans l'inquiéter davantage (3).

En mars 1250 (nouveau style), Ansel de Noisy *(Ansellus dic-*

(1) Fonds de Maubuisson, aux *Archives de Seine-et-Oise.*

(2) *Archives impériales,* K., carton 181, pièces 208 et 209.

(3) *Arch. de Seine-et-Oise,* Fonds d'Abbecourt.

*tus de Nisuta)*, écuyer, vend à l'abbaye Notre-Dame-de-la-Roche, pour une somme de 16 livres, une masure située à l'Étang-la-Ville, avec un arpent et un demi-quartier de vigne tenant aux vignes de l'église de l'Étang, provenant de son propre héritage et chargés de deux sous de cens capital envers son frère, Milon, chevalier, seigneur de l'Étang, lequel approuve la vente comme seigneur dominant. Dans une charte de même date, en faveur de la même abbaye, le seigneur de l'Étang prend le nom de Milon de Neaufle (1).

Au mois d'octobre 1255, Alix, veuve de Jean de Noisy, donne une charte qui confirme un don de Raoul Vilain, de Mantes, que son aïeul Pierre Mauvoisin avait déjà approuvé en 1213.

En 1267, Robert de Noisy, chevalier, et Pétronille, son épouse, font une donation à l'abbaye de Joyenval (2).

La famille de la Villeneufve, l'une des plus illustres du pays chartrain, issue des seigneurs de Maintenon, succède à ces premiers seigneurs de Noisy (3).

En 1270, Pierre de la Villeneufve (4), écuyer, était seigneur de Noisy et Bailly-en-Cruye en partie.

Philippe de la Villeneufve, son fils, écuyer, se qualifiait sei-

(1) M. Moutié, *Cartulaire de N.-D.-de-la-Roche*, p. 65.

(2) *Arch. de Seine-et-Oise*, Fonds de Joyenval.

(3) Manuscrit du XVIIIe siècle, intitulé : *Suite chronologique des seigneurs de Noisy et Bailly-en-Cruye, par M. Boulin*, dernier seigneur de Bailly, appartenant à M. Delafontaine, maire de Noisy, qui a bien voulu nous la communiquer. Qu'il en reçoive ici de nouveau nos remerciements. C'est de ce manuscrit, des plus intéressants, que nous nous sommes servi pour ce qui va suivre. Il est à regretter seulement que cette généalogie, tirée du cabinet de M. de Clérembaud et des titres des fabriques des paroisses de Noisy et Bailly, rassemblés avec beaucoup de soin par M. Boulin, ne nous donne que fort peu de détails historiques sur la vie et les alliances des premiers seigneurs de la Villeneufve.

(4) Il y avait un fief appelé la Villeneuve, auprès de Saint-Nom-la-Bretêche, je ne sais si ce fief a donné son nom à ces seigneurs ; je serais plutôt porté à croire que ce domaine ou fief, que je n'ai pu encore retrouver, leur aurait emprunté son nom. Les armes de la Villeneufve sont : *de gueules billetés d'argent, au lion de même, brochant*.

gneur de Noisy et Bailly-en-Cruye en partie, du Chêne-Rogneux (1), de Goupillières et autres lieux. Il possédait la plus
grande partie du Val-de-Galie ; vivait en 1285, et eut pour fils : .

Robert de la Villeneufve, écuyer, conseiller au Parlement de
Paris, seigneur de Noisy et Bailly-en-Cruye, en 1344, qui fut
père de Jean de la Villeneuve, premier du nom, écuyer, seigneur de Noisy et Bailly, nommé entre les conseillers du Parlement de Paris, en l'année 1366 ; il eut pour fils aîné :

Jehan II de la Villeneufve, écuyer, seigneur de Noisy et de
Bailly, qui, ayant épousé Alix de Lévis, fille de Philippe de Lévis,
chevalier, seigneur de Marly-le-Chastel, de Magny-l'Essart et de
Florensac, et de dame Alix de Quélus, en eut deux fils et deux
filles.

Guillaume de la Villeneufve, premier du nom, écuyer, fils
aîné de Jean II, fut seigneur de Noisy, de Bailly et d'Argat (2),
premier échanson de Madame Michelle de France, fille du roi
Charles VI. Il avait épousé Jehanne le Flament, dame de Bonnelles, de la Bretesche, des Bordes et de l'Étang. qui lui apporta
ces terres en mariage, elle était fille unique et héritière de
Jehan le Flament, écuyer, seigneur desdits lieux, et de dame
Alix de Puisieux, fille de messire Thibaud de Puisieux, premier
pannetier du roi Charles V, de laquelle il eut un fils unique
nommé :

Simon de la Villeneufve, écuyer, seigneur en partie de Noisy
et de Bailly, des Clayes, de la Hébergerie (3), du Chêne-le-Haut,
du Chêne-Rogneux (4), de Goupillières, de la Tour de Marcq,

(1) Le Chêne-Rogneux, hameau de la commune de Grosrouvre.

(2) Argat, aujourd'hui Ergal, hameau de Jouars-Pontchartrain.

(3) La Hébergerie, ancien fief près de Villepreux. Nous trouvons
dans les manuscrits de Gaignères (*Extraits de Murmoutier*, t. I, p. 445),
que Simon *de Herbegeria* portait sur son sceau deux fasces avec deux
annelets en chef, et autour cette légende : S. SIMON. DARSIS. CHE-
VALIER. Il était donc de la famille des seigneurs de Bois-d'Arcy,

(4) En 1460, Simon de Maintenon, seigneur de la Villeneuve (celui
précisément dont il est question), rendit aveu au duc de Bretagne, comte

de Petit-Mont (1), de Vilaines, le Poiret, de Neaufle, de Plaisir, d'Argal, des Bordes-sous-Neaufle, de la Goutière-sous-Neaufle, de la Mellière, de la Boissière, de Voisins-le-Bretonneux, d'Hauvilliers, de l'Étang, de la Chapelle-Milon, de la Nonette, de Méridon (2), de Bonnelles (3), de la Bretesche, des Bordes (4), de Cuivron, de Montelou, d'Élancourt, et en partie de Villepreux.

Il reçut la foi et hommage de Robert de Montmirail, conseiller du roi et clerc ordinaire de la chambre des Comptes, à cause de son fief des Moulins, appelé depuis Moulineaux, relevant de lui à raison de sa seigneurie de Bailly, haut, le 13 juillet 1459, par acte passé devant Huët et Moustiers, notaires au Châtelet de Paris.

Le 16 juillet 1485, il reçut la foi et hommage de demoiselle Denise de Harlay, veuve de Robert de Montmirail et de Louis de Montmirail, son fils, clerc et conseiller ordinaire du roi en la chambre des Comptes, pour leur fief des Moulineaux qu'ils tenaient de lui.

Simon de la Villeneufve mourut au mois de janvier 1491, et fut inhumé dans l'église de la paroisse de Villepreux, avec Jehanne de Ponceaux, sa femme, sous une même tombe sur laquelle ils étaient représentés, avec leurs armoiries et l'épitaphe suivante gravée autour de la tombe : *Cy gist, Simon de la Villeneufve, écuyer ; vivant, seigneur de Bailly et Noisy, qui trespassa le........ jour de janvier, l'an mil CCCCIIIIXX unze, et damoiselle Jehanne de Ponceaux, sa femme, tres-*

de Montfort, pour le fief de Chêne-Rognenx, dont relevait entre autres arrière-fiefs, un manoir aux Menuls. *Arch. du château des Menuls.*

(1) Petit-Mont, *Parous Mons*, écart de la commune de Villiers-le-Mahieu.

(2) Ces trois derniers fiefs étaient dans la châtellenie de Chevreuse.

(3) En 1556, Louis de la Villeneuve comparaît à la rédaction de la coutume de Montfort, comme seigneur de Bonnelles.

(4) Les Bordes, ancien fief à l'entrée de Villepreux, sur la route de Neaufle à Saint-Germain-en-Laye.

*passa*............? Cette partie de l'épitaphe n'étant point achevée, il y a tout lieu de croire que Jehanne de Ponceaux, ayant survécu à son mari, avait fait faire cette tombe avec l'intention d'être inhumée auprès de lui, et que sa propre épitaphe avait été faite d'avance, réservant d'ajouter la date de sa mort lorsqu'elle serait arrivée; mais soit qu'on ait oublié de mettre cette date, ou qu'elle n'ait point été enterrée auprès de son époux, ce qui est fort douteux, cette inscription est restée inachevée. Elle est suivie d'une autre épitaphe en lettres gothiques d'une gravure différente de celle qui précède et dont voici la teneur : *Cy gist, noble damoiselle Suzanne de la Villeneufve, dame de la Hébergerie, et de*........? Cette Suzanne était la petite-fille de Simon de la Villeneufve, et fut enterrée sous la même tombe, quoiqu'elle soit morte plus de soixante-dix ans après son aïeul, ainsi qu'il est prouvé par un contrat d'échange de plusieurs héritages en la censive de la Hébergerie qu'elle ensaisina le 15 janvier 1560 (1).

Simon laissait un fils unique qui fut :

Guillaume II de la Villeneufve, écuyer, seigneur de Bailly et Noisy, en partie. Il rendit foi et hommage au roi, le 23 mai 1492, pour les fiefs des Bordes, des Clayes, de Montelou, la moitié du fief de Bailly, les fiefs de la Goutière-sous-Neaufle, de la mairie de Crest, de la Cour-des-Prez, du Chêne-Rogneux et de la Tour de Marcq.

Nous devons à M. de Dion le texte complet de cet acte, analysé dans le manuscrit de M. Boulin.

Charles, huitième du nom, par la grâce de Dieu, roi de France. A nos amés et féaux gens de nos comptes et trésoriers, à notre prévôt de Paris, à nos baillis de Montlhéry, Poissy, Châteaufort, Mantes et Montfort-l'Amaury, ou à leurs lieutenants, salut.

(1) Cette tombe a été déplacée, séparée en plusieurs morceaux, elle sert aujourd'hui de marche dans l'église de Villepreux. La moitié de la pierre tombale représentant Jehanne de Ponceaux, est encore assez bien conservée, tandis que l'autre moitié est presque effacée et forme plusieurs morceaux, dont un entre autres, couvre un égoût dans la rue principale de Villepreux.

Savoir vous faisons que Guillaume de Villeneuve, écuyer, nous a fait aujourd'hui, au bureau de la chambre des Comptes, les foi et hommage que tenu étoit de nous faire pour un fief à Ville-preux, dit le fief des Bordes, devant le prieuré; d'un autre fief dans la châtellenie de Villepreux, dit le fief des Clayes, mou-vant de notre châtellenie de Poissy; de la moitié d'un fief nommé Montelou; et de 5 sols assis sur la châtellenie de Mont-lhéry; d'un hommage que ledit Villeneuve tient à Guyancourt, en la châtellenie de Châteaufort; de la moitié de Bailly, en la baronnie de Neaufle; d'un autre fief à Neaufle, contenant la voi-rie et la châtellenie dudit Neaufle; du fief de la Goutière-sous-Neaufle; du fief de la mairie de Plaisir, en la châtellenie de Neaufle; du fief de la mairie de Crest; et du fief de la Cour-des-Prez, à Plaisir, en la châtellenie de Neaufle; d'un autre fief nommé le Chêne-Rogneux, séant en la comté de Montfort-l'Amaury, et du fief de la Tour de Marcq, assis à Marcq, avec haute, moyenne et basse justice, en la comté de Montfort-l'Amaury, mouvants de nous, à cause d'icelle. Auxquels foi et hommage nous l'avons reçu, sauf notre droit et l'autrui, et vous mandons, et à chacun de vous comme à lui appartiendra que pour cause dudit hommage à nous non fait vous ne travailliez, molestiez ou empêchez; ne souffriez être travaillé, molesté ou empêché en aucune manière; mais si les terres et fiefs pour lesquels il nous a fait lesdits hommages étaient arrêtés, mis en notre main ou autrement empêchés, les lui mettez, et faites mettre tantôt et sans délai à pleine délivrance.

Donné à Paris le vingt-troisième jour de mai l'an mil quatre cens quatre-vingt et douze, et de notre règne le neuvième (1).

Guillaume II de la Villeneufve était lieutenant de Jacques de Dinteville, seigneur de Dampmartin, grand veneur de France en 1505. En son testament il légua à la fabrique de la paroisse de Villepreux, un arpent de terre, à la charge de dire tous les ans une messe haute pour le repos de son âme à pareil jour que

(1) D'après l'original aux Archives de l'Empire, *Hommages anciens de France*, p. 16, nº 161, ancien nº 5,909.

celui de son décès, qui arriva le 15 novembre 1516. Ce legs ne
fut délivré que le 16 janvier 1531, par Martin de la Villeneufve,
son fils aîné et son principal héritier.

Guillaume avait été marié à Marie de la Balue, fille de Nicolas de la Balue, écuyer, seigneur de Fontenay et en partie de
Villepreux, morte en 1518. Il épousa en secondes noces Anne
de Contremeret, dame de Paracy, veuve de Jean du Mesnil-Simon, seigneur du Mesnil-Simon, de l'Aunay et d'Autouillet. De
ses deux femmes, il eut six enfants, quatre fils et deux filles.
Trois de ses fils moururent sur les champs de bataille sans avoir
été mariés. Le cadet, nommé Louis, fut prêtre, et seigneur de
la Hébergerie après Suzanne, l'une de ses sœurs. Il mourut le
3 août 1559.

De leur vivant, les enfants de Guillaume II de la Villeneufve
avaient affermé la part commune qu'ils avaient chacun dans les
seigneuries de Noisy et Bailly. Après eux, on ne trouve plus
de seigneurs de Noisy du nom de la Villeneufve (1).

Dès l'an 1526, la terre de Noisy avait passé, par acquisition,
des héritiers de Guillaume de la Villeneufve à messire Guillaume
Poyet (2), pour lors avocat du roi au Parlement de Paris, baron
de Beynes et abbé de Bardoues. Ce seigneur de Noisy était, en
1535, premier président de Bretagne et président en la Cour du

---

(1) Dans l'*Armorial*, manuscrit de d'Hozier de la fin du xviie siècle,
j'ai trouvé les armoiries suivantes, au nom de Claude de la Villeneuve
de Languedoc, chevalier, seigneur d'Orsonville, d'Aussonville et autres
lieux, aide-major des gardes du roi de la compagnie de Lorges :
*Écartelé aux 1er et 4e d'argent, à 2 fasces de gueules, accompagnées
de 8 coquilles de sable en orle, 3, 2 et 3 ; aux 2e et 3e de gueules, semés
de billettes d'argent, au lion de même, brochant,* qui est de la Villeneuve. (Manuscrits de la Bibliothèque impériale. *Registre de l'Ile de
France ou de la généralité de Paris*). Est-ce qu'une branche puînée des
seigneurs de Noisy de la maison de la Villeneufve, aurait été s'établir
en Languedoc ?....

(2) Les armes de Poyet, sont : *Écartelé aux 1er et 4e d'azur, à 3 co-
lonnes d'or rangées en fasce, aux 2e et 3e de gueules au lion d'or,* au lieu
et place d'un griffon qui était ses armes primitives. Devise : *Justitiæ
columnam sequitur leo* (*Hist. des Chanceliers de France,* par Duchesne).

Parlement de Paris ; en 1541, il est qualifié : chevalier, chancelier de France, baron de Beynes, seigneur de Noisy-en-Cruye et autres lieux. Il était natif d'Angers et fils d'un avocat au siége présidial de cette ville. Guy Poyet, son père, seigneur de Jupilles, prit un grand soin de son éducation et le fit étudier dans les plus célèbres universités. Il suivit ensuite le barreau du Parlement de Paris, où il s'acquit le titre d'un des plus célèbres orateurs de son temps ; comme tel il fut choisi par Louise de Savoie, mère du roi François Ier, pour plaider sa cause et soutenir ses prétentions touchant la succession de la maison ducale de Bourbon, contre Charles de Bourbon qui, de connétable de France, devint traître et rebelle à son roi et fut tué au siége de Rome, en 1528. Guillaume Poyet s'acquitta si dignement de cette pénible tâche, que la princesse, pour le récompenser, lui procura la charge d'avocat du roi au Parlement. Il parvint successivement jusqu'à la dignité de chancelier de France, qu'il garda peu de temps, car..... la même année qui marquait le comble de sa faveur, fut aussi celle de son effroyable chûte. L'amiral de France, Philippe Chabot, étant tombé quelques années avant (1538) dans la disgrâce du roi, le chancelier Poyet fut choisi par le roi pour poursuivre le procès fait à l'amiral. Poyet servit tout à fois si aveuglément, et la passion du roi, et la jalousie secrète qu'il avait contre ce favori, qu'il tomba dans la honte de la concussion dont il avait voulu convaincre l'amiral, qui s'étant ensuite justifié et étant rentré dans les bonnes grâces du roi, rendit à son tour son accusateur si odieux à ce prince, qu'il le fit arrêter à Argilly, où était alors la Cour, le 2 août 1541. Le chancelier fut d'abord enfermé dans la tour de Bourges, ensuite à la Bastille, puis transféré à la conciergerie du Palais pendant l'instruction du procès qui lui fut fait sur les abus, malversations et entreprises dépassant son pouvoir. En punition et réparation desquels, par arrêt qui lui fut prononcé toutes les chambres étant assemblées, lui présent, debout, la tête nue et appuyé sur le bureau du greffier, le jeudi 23 avril 1545, il fut privé de tous ses états et office de chancelier et autres charges marquantes; il lui fut défendu de tenir à l'avenir aucun office royal; de plus, condamné à une amende de 100,000 livres envers le roi; enfin il fut exilé pour cinq ans en tel lieu qu'il plairait au roi lui permettre de se retirer. Après la lecture de cette sentence, Guillaume Poyet dit à ses juges : *Qu'il remerciait Dieu de sa bonté infinie, le roi de la sienne justice, et priait Dieu qu'il lui fît la grâce de lui faire une oraison agréable, et au roi profitable (1).....* On lui permit de se retirer dans l'hôtel de Nemours, où il vécut faisant le métier d'avocat consultant; puis, accablé d'affliction et de vieillesse, il mourut au mois d'avril 1548, âgé de soixante-quatorze ans, et fut inhumé dans l'église des Grands-Augustins, à Paris.

Quelques années après (1552), la seigneurie de Noisy était passée dans les mains de la duchesse d'Étampes, Anne de Pisseleu (2), favorite du roi François I$^{er}$. Elle était fille de Guillaume de Pisseleu, chevalier, seigneur de Heilly, capitaine de 1,000 hommes de pied de la légion de Picardie sous le roi Louis XII, et d'Anne Sanguin, sa deuxième femme, sœur du cardinal de Meudon. Elle ne contribua pas peu à la disgrâce du chancelier Poyet pour venger l'amiral son parent, et la reine de Navarre, sœur du roi François I$^{er}$, la seconda en cette occasion avec non moins d'acharnement (3). Le roi, qui aimait éperduement la duchesse, non-seulement lui fit don de la terre de Noisy, mais encore de la baronnie de Beynes, confisquée à son profit sur le chancelier Poyet, pour raison de l'amende de 100,000 livres, à laquelle il avait été condamné et qu'il ne put payer.

Après la mort de François I$^{er}$, Diane de Poitiers, duchesse de Valentinois et maîtresse du roi Henri II, se fit donner toutes les

(1) François Blanchard, *Les Maîtres des Requêtes.*

(2) Les armes de Pisseleu sont : *d'argent à 3 lionceaux de gueules,* posés 2 et 1.

(3) Voyez à ce sujet, *Histoire de France chronologique du président Hénaut,* année 1541. *Dictionnaire historique de Moréry,* t. VIII, p. 537, Le Féron, Godefroy, Mézeray, François Blanchard et le père Anselme.

terres et seigneuries que possédait la duchesse d'Étampes, qui avait peu à peu perdu tout son crédit sous ce nouveau règne.

Le 12 octobre 1556, la duchesse de Valentinois comparaît par procureur à la rédaction de la coutume de Montfort, pour la châtellenie de Beynes, les seigneuries de Buc et de Grignon, de Saint-Aubin, de Noisy et de Bailly-en-Cruye. En ce qui est de l'hommage de la châtellenie de Neauphle, Marcq en partie, le Chêne-Rogneux, la Malmaison et Mormoulin. En ce qui est en ladite châtellenie de Neauphe, les fiefs de la Craune, de la Cour-des-Prés et de la mairie de Plaisir.

La paroisse de Noisy fit défaut à la rédaction de cette coutume (1).

Le 24 novembre 1556, Diane de Poitiers fit hommage au roi pour la châtellenie de Beynes, la terre et seigneurie du Chêne-Rogneux, les fiefs et seigneurie de Grignon, pour une partie de Saint-Aubin et de Noisy-en-Cruye, pour le fief de la Cour-des-Prés et les mairies de Plaisir et de Clayettes (les Clayes?), le tout mouvant de sa majesté, à cause des châteaux de Montfort et de Neauphle, et de la prévôté de Paris (2). Elle est qualifiée dame de Noisy, dans des actes en date des 14 et 15 novembre 1560, passés par devant Mathurin Charruau, clerc, tabellion juré en la seigneurie de Noisy.

Diane était fille de Jean de Poitiers, chevalier, seigneur de Saint-Vallier, marquis de Cottron, vicomte d'Étoile, baron de Clérieu, de Sérignan et de Chalençon, chevalier de l'ordre du roi et capitaine de 100 gentilhommes de sa maison (3).

L'on sait que Jean de Poitiers fut condamné à mort, par arrêt du Parlement en date du 16 janvier 1523, comme complice de l'évasion du connétable de Bourbon et comme ayant favorisé ses desseins de trahison; Diane de Poitiers, obtint par ses fa-

(1) Procès-verbal de la coutume de Montfort, à la suite du Commentaire sur cette coutume de Claude Thourette, Paris, 1731.

(2) *Hommages originaux, Arch. de l'Empire*, p. 16, n° 358.

(3) Les armes de Poitiers de Saint-Vallier, sont : *d'azur à 6 besants d'argent, posés 3, 2 et 1, au chef d'or*.

veurs (1) sa grâce du roi François Ier, qui commua la peine en une prison perpétuelle ; mais comme cette grâce ne lui fut apportée que lorsqu'il fut monté sur l'échafaud et au moment d'être décapité, la frayeur de cette mort ignominieuse lui fit une si forte impression, que ses cheveux blanchirent pendant la nuit suivante, en sorte que ses geôliers eurent peine à le reconnaître le lendemain. Il ne put, outre cela, guérir de la fièvre que lui avait causé la peur, et qu'il garda jusqu'à sa mort arrivée en 1539.

Diane de Poitiers, étant âgée de quatorze ans, avait épousé par contrat du 29 mars 1514, Louis de Brézé (2), comte de Maulevrier, grand sénéchal de Normandie, fils de Jacques de Brézé, comte de Maulevrier, et de Charlotte, bâtarde de France, fille de Charles VII et d'Agnès Sorel. Louis de Brézé mourut père de deux filles, le 23 juillet 1531, non sans avoir contribué, par ses instances auprès du roi, jointes à celles des autres parents et amis du seigneur de Saint-Vallier, à obtenir la commutation d'une peine affreuse, par une autre peine plus affreuse encore, puisque ce coupable, par les lettres de rémission, devait être enfermé *perpétuellement entre quatre murailles de pierres maçonnées dessus et dessous, auxquelles*, est-il dit, *il n'y aura qu'une petite fenêtre, par laquelle on lui administrera son boire et son manger.*

L'aîné des filles de Diane de Poitiers, nommée Françoise de Brézé, épousa, en 1538, Robert de la Marck, duc de Bouillon, prince souverain de Sedan. Louise de Brézé, sa sœur, épousa, en 1546, Claude de Lorraine, duc d'Aumale, frère de François, duc de Guise, et oncle de Henri de Guise. Ce fut là le lien qui unit depuis les intérêts de Diane avec ceux des Guise.

Diane de Poitiers mourut âgée de sioxante-six ans, le 22 avril 1566 (d'autres ont écrit le 26 avril), au château d'Anet, que le roi

(1) C'est du moins l'opinion de Mézeray, Varillas et d'autres historiens.

(2) *Anecdotes des reines et régentes de France*, Amsterdam, 1765, t. III. p. 266, 267, 268 et suiv.

Henri II avait fait bâtir pour elle, elle fut inhumée dans la chapelle de ce château, sous un fort beau mausolée de marbre élevé
au milieu du chœur. Dans son testament, fait en 1564, Diane de
Poitiers voulut, après sa mort, que son corps fît une espèce de
pénitence publique de son adultère avec le roi Henri II, car elle
déclare que venant à mourir à Paris, elle entend qu'avant d'être
enterrée à Anet, on la portât dans l'église des filles repenties (1),
et que l'on y dit pour elle une messe des trépassés.

Albert de Gondy (2), comte de Retz, puis maréchal de France,
succéda à la duchesse de Valentinois dans la seigneurie de
Noisy. Il acquit, vers 1571, la seigneurie de Bailly-en-Cruye,
ou l'obtint, comme celle de Noisy, de la faveur de la reine Catherine de Médicis et du roi Charles IX. Il était aussi baron
de Marly-le-Chastel et seigneur de Villepreux par acquisition.

En 1574, Albert de Gondy résidait à Bailly, dans le château
de ce lieu, pendant que l'on construisait pour lui un château à
Noisy, résidence des plus belles s'il en fut, et qu'il put habiter,
en 1589, avec toute sa famille. Il fit aussi rebâtir l'église de la
paroisse de Noisy à la place de l'ancienne, dont il fit la chapelle
de son château. Albert de Gondy était fils d'Antoine de Gondy,
d'une des premières familles de Florence, qui était venu en
France à la suite de la reine Catherine de Médicis, qui les éleva
plus tard aux plus hautes charges du royaume. Il avait épousé,
le 4 septembre 1565, Catherine de Clermont, baronne de Retz,
dame de Dampierre, veuve de Jean d'Annebaut, baron de Retz,
fille unique et héritière de Claude de Clermont, seigneur de
Dampierre, dont il eut nombreuse postérité. Après lui, Henri
de Gondy, son petit-fils, devint seigneur de Noisy, de Bailly,
de Versailles, de la Grange-l'Essart et des Essarts, sous la tu-
telle d'Henri de Gondy, son oncle, évêque de Paris, qui prit la

_(1) Les Filles-Repenties était une maison ou couvent, où les femmes
de mauvaise vie et les prostituées, misérables et repenties, pouvaient
se retirer. (*Antiquités de Paris*, par Henri Sauval, t. I, p. 578 et 582.

(2) Les armes de Gondy, sont: *d'or à deux masses d'armes de sable,
passées en sautoir, liées de gueules par le bas.*

qualité de seigneur de Noisy et de Bailly, pendant la minorité de son neveu, comme il se voit dans des actes des années 1604, 1605, 1608, 1609, 1612 et 1615, passés par-devant Mathias Hainaut, greffier et tabellion juré en la prévôté de Noisy et de Bailly, garde du scel aux contrats de la prévôté, terre et seigneurie de Noisy, bailli du bailliage et justice de Bailly au Val-de-Galie.

Henri de Gondy, étant majeur en 1615, prit alors les titres de duc de Retz et de Beaupréau, pair de France, marquis de Belle-Ile et des Iles d'Yères, comte de Chemillé, baron du Plessis-le-Chastel, de Marly-le-Chastel et de Beaumanoir; seul seigneur haut justicier de Noisy et de Bailly, seigneur de la Grange-l'Essart et de Versailles.

Il devint duc de Beaupréau, par le mariage qu'il contracta, le 15 mai 1610, avec Jeanne de Scépeaux, duchesse de Beaupréau, comtesse de Chemillé, fille unique de Guy de Scépeaux, cinquième du nom, duc de Beaupréau et comte de Chemillé.

Henri de Gondy fut fait chevalier des ordres du roi, en 1619, et mourut à Prinçay, en Bretagne, le 12 août 1659.

En l'année 1619, il avait vendu ou cédé à Messires Henri de Gondy, cardinal, évêque de Paris, et Jean-François de Gondy, maître de la chapelle du roi, ses oncles, les terres et seigneuries de Noisy, de Bailly, de Versailles, de la Grange-l'Essart, des Essarts, et la baronnie de Marly-le-Chastel.

Le cardinal de Retz, étant mort à Béziers, le 3 août 1622, Jean-François de Gondy, son frère, fut sacré premier archevêque de Paris, et lui ayant succédé dans tous ses biens, devint seul seigneur de Noisy, de Bailly, de Versailles et autres lieux, et baron de Marly-le-Chastel.

Il vendit, en 1623, à Pierre de la Martelière, écuyer, seigneur du Fay, avocat au Parlement de Paris, la terre et le château de Bailly avec toutes ses dépendances, et lui accorda, pour lui et ses successeurs, les droits honorifiques en l'église de Bailly, mais il en retint la seigneurie. Par contrat passé le 8 avril 1632, il vendit la seigneurie et la terre de Versailles, avec le fief de la

## 19

Grange-l'Essart, au roi Louis XIII. Il mourut à Paris le 21 mars 1654, âgé de soixante-dix ans, et fut inhumé dans la chapelle de Gondy, en l'église cathédrale.

François Bossuet (1), secrétaire du conseil d'État du roi, direction et finances, acquit, par contrat passé le 28 juin 1656, pardevant Le Cat et Le Roux, notaires au Châtelet de Paris, de messires Philippe-Emmanuel de Gondy, comte de Joigny, seineur de Villepreux, prêtre de l'Oratoire, et Henri de Gondy, duc de Retz, chevalier des ordres du roi, capitaine de 100 hommes d'armes de ses ordonnances, seuls héritiers bénéficiaires de Jean-François de Gondy, leur frère et leur oncle, la baronnie de Marly-le-Chastel, et les seigneuries de Noisy, de Bailly et des Essarts. Il était aussi seigneur de Louveciennes et de Ville-d'Avray, au moins dès 1659. Il fit mettre ses armes, accolées de celles de Marguerite Beveran, sa femme, sur le fronton de la porte d'entrée principale du château de Noisy, et sur le haut de la façade dudit château, à la place de celles du maréchal de Retz. François Bossuet était le cousin du grand Bossuet, évêque de Meaux, et fut pour beaucoup dans son avancement, en le présentant aux personnages des plus haut placés à la cour qu'il recevait chez lui, et qui, reconnaissant le génie naissant du futur *aigle* de Meaux, lui procurèrent les dignités si éminentes dont il fut revêtu dans la suite et qu'il soutint avec tant d'éclat et de grandeur.

Malgré une fortune assez considérable pour le temps, les dépenses excessives de François Bossuet avaient entièrement dérangé ses affaires. Tous ses biens furent donc décrétés et vendus, et il se vit obligé de se retirer à Notre-Dame-de-Bon-Repos, petite chapelle située au bas du village de Bailly, à côté de laquelle il avait fait bâtir une très-petite maison, où il demeura quelque temps; il donna plusieurs héritages à cette chapelle, et la dota, en 1664, de 90 francs de rente, à la charge par le curé de Noisy, de dire à son intention une messe basse tous les

(1) Les armes de Bossuet, sont : *d'azur à 3 roues d'or, 2 et 1.*

samedis, et de distribuer en même temps 10 sols aux pauvres enfants de Noisy et de Bailly. Il se retira ensuite aux Augustins-Déchaussés de la place des Victoires, où il mourut en l'année 1675.

Il avait eu de son mariage un fils, qu'il perdit, et deux filles, dont l'une fut la marquise de Fercourt, et l'autre la comtesse de Pont-Chavigny (1).

Le roi Louis XIV acquit ensuite, par sentence de décret et adjudication faite à son profit, aux requêtes du palais, le 20 mai 1676, la terre et baronnie de Marly-le-Chastel, les seigneuries de Noisy et de Bailly, et réunit toutes ces terres à celles du domaine de Versailles.

*Beausset*

(1) *Histoire de Bossuet*, par Mgr de ~~Beausset~~. Nous croyons que l'illustre cardinal fait ici erreur. Lorsque François Bossuet donna, en 1672, une cloche à l'église de Marly-le-Chastel, elle fut nommée Marguerite, du nom de sa fille unique. Marguerite Bossuet, dame de Bréviande? mariée le 27 juillet 1653 à Nicolas Melliand, conseiller au grand conseil et maître des requêtes. De ce mariage était née une fille unique, Marguerite Melliand. Nicolas Melliand étant mort en 1659, sa veuve se remaria à Cyprien Perrot, chevalier, seigneur de la cour, conseiller du roi en ses conseils et maître des requêtes. (Registres des actes de l'état civil de Marly-le-Roi, à la date du 28 août 1672.)

Rambouillet. — Typ de RAYNAL

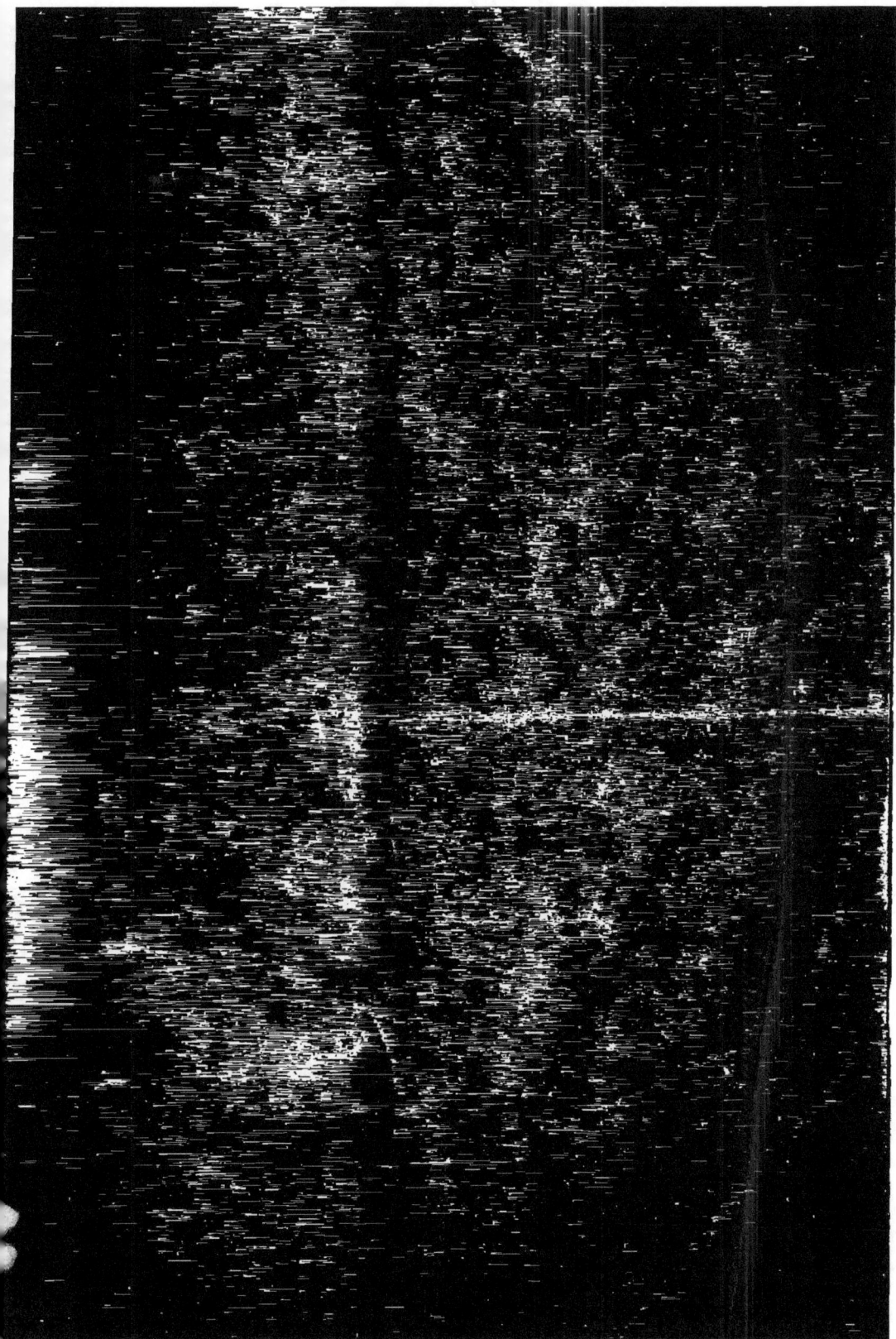

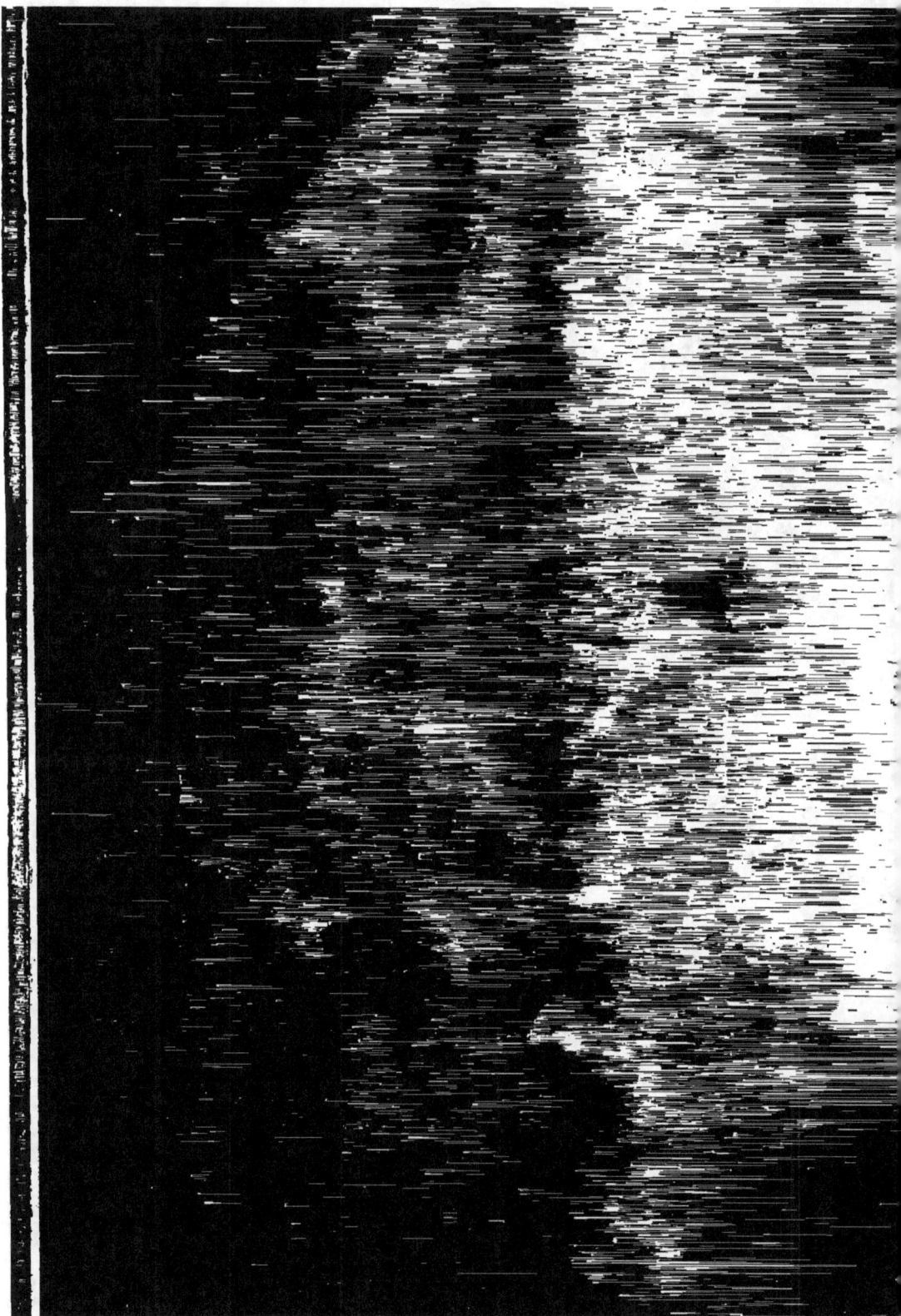

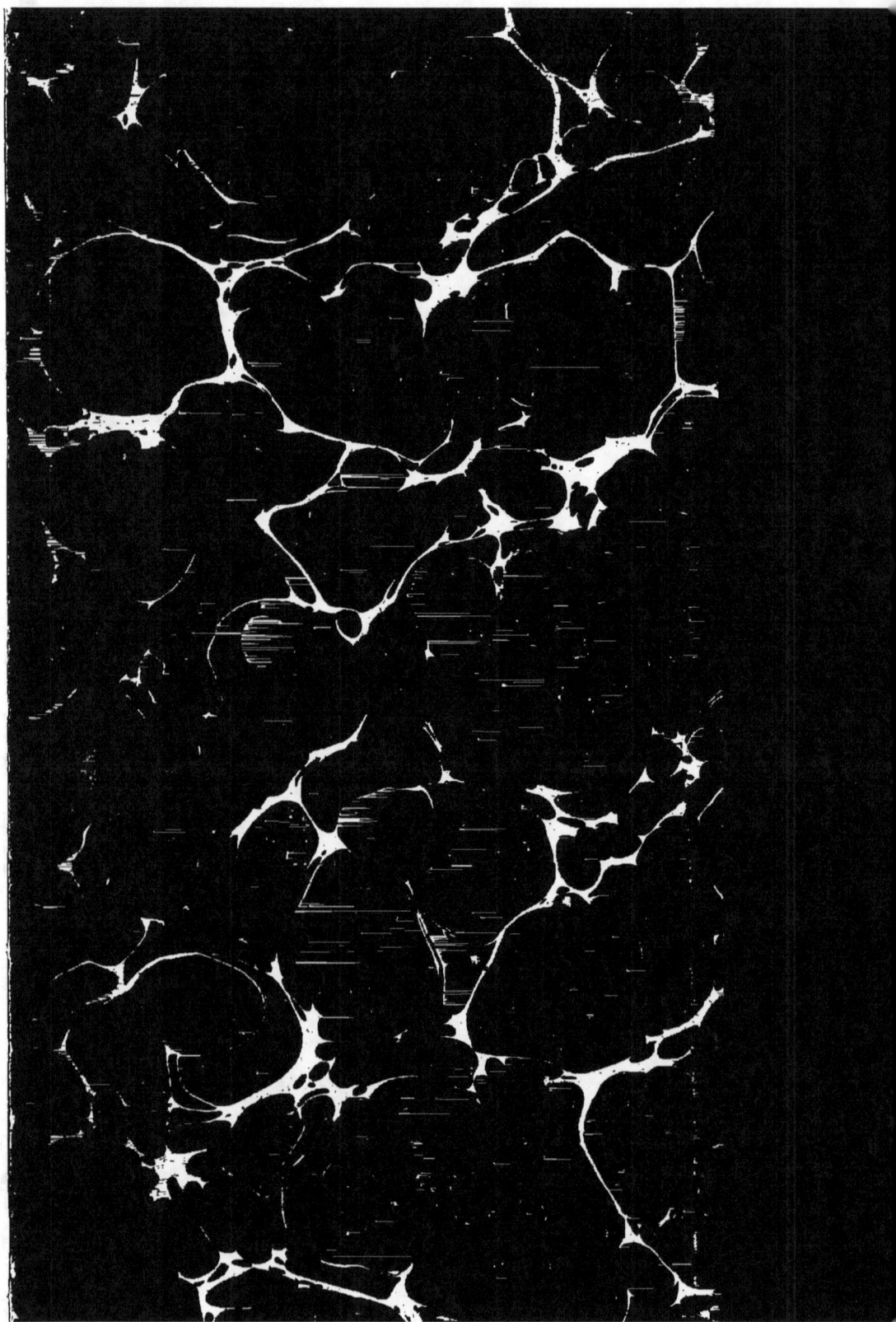